mi GRAN libro de las BUENAS MANERAS

susaeta

Textos: Ana Serna
Revisión: Ana Doblado
Ilustraciones: Margarita Menéndez
Diseño gráfico: Marcela Grez

© SUSAETA EDICIONES, S.A.
C/ Campezo, 13 - 28022 Madrid
Tel.: 91 3009100 - Fax: 91 3009118
www.susaeta.com
D.L.: M-2607-MMXIII

Tu persona

Si no quieres enfermar
tu cuerpo debes cuidar.

El baño diario
es siempre necesario.

No seas perezoso y levanta,
que a mamá ya
le duele la garganta.

Nada más despertar
cara y manos te debes lavar.

Ahora les toca a los dientes:
cepíllalos sin parar
para que muy sonriente
los puedas siempre mostrar.

No les pongas tanta pasta,
que los puedes empachar;
con un poco es suficiente
y quedan fenomenal.

Ahora hay que recoger.
¡No te hagas el golfillo!
Cierra bien el tubo
y aclara tu cepillo.

Si al dentista no quieres visitar,
tus dientes habrás de lavar
al levantarte, después de las comidas
y al acostarte, todos los días.

Si no quieres que mofeta
todos te puedan llamar,
cámbiate los calcetines
a diario, sin faltar.

Enséñame las uñas.
¡Qué funeral!
Cortas y limpias
deben estar.

Usa las tijeras, pero con cuidado,
no sea que un dedo resulte cortado.

No las muerdas, ¡pobrecillas!
Si se pudieran quejar...

Mira qué zapatos,
¡qué penita dan!
Si les pasas un cepillo,
brillantes quedarán.

¡Vamos! ¡A vestirte!
Pero no te pongas eso, ¡échalo a lavar!,
que tiene muchas manchas y huele fatal.

Aunque te encante este impermeable,
no te empeñes, por favor,
en ponértelo esta mañana,
que es verano y luce el sol.

La nariz muy limpia
en todo momento ha de estar.
Ten siempre a mano un pañuelo
para poderte sonar.

Pero si el pañuelo se te olvida,
pide uno por favor
y no te metas el dedo,
que es muchísimo peor.

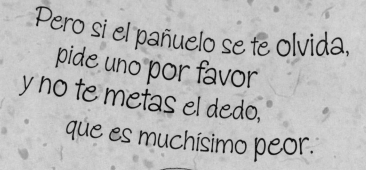

Si tienes que estornudar porque estás acatarrado,
utiliza tu pañuelo poniéndote siempre a un lado.

¡Oh, qué gran desilusión!
Creía que era el rey Baltasar.
¡Vamos, lávate las manos
si no quieres enfermar!

El pelo debes llevar
siempre limpio y bien peinado.
Da igual que lo tengas rubio
o moreno, liso o rizado.

Si no quieres que hombre orquesta
te puedan todos llamar,
en público no se te ocurra nunca eructar.

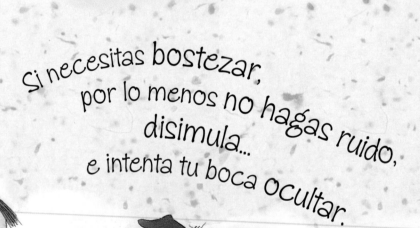

Si necesitas bostezar,
por lo menos no hagas ruido,
disimula...
e intenta tu boca ocultar.

Para estar sano,
ser alegre y divertido,
tienes que acostarte pronto
y dormir largo y tendido.

¡Qué calor! ¡Estás sudando!
No te limpies con la mano.
Saca el pañuelo deprisa,
y que te vea tu hermano.

En la mesa

Para comenzar,
un consejo de Confucio te cuento:
«En tu propia mesa
te has de comportar
como si en la del mismo rey
te fueras a sentar».

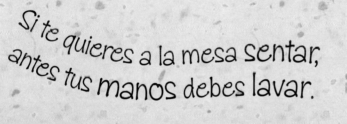

Si te quieres a la mesa sentar,
antes tus manos debes lavar.

Vamos, siéntate bien,
no tuerzas la espalda
si no quieres parecer
una serpiente doblada.

Acepta tu sitio sin rechistar.
Está muy feo que digas:
«yo me siento aquí o allá».

Desdobla la servilleta
y ponla sobre tus rodillas.
¡No te muevas tanto,
que pareces una ardilla!

La servilleta sirve de ordinario
para limpiarse la boca al comer
y secarse cuando sea necesario.

¡Cuántos cubiertos!
¡Qué lío!
¿Por cuál debo empezar?
¡Ya sé!
Miraré a los demás.

Para que esto no te vuelva a pasar
un truco no debes olvidar:
los más cercanos a tus manos
son los primeros que has de utilizar.

Pasa el pan a tu hermano.
Con la panera sí,
no con la mano.

Es mejor repetir
que llegar a explotar
por no pensar al servir
lo que eres capaz de zampar.

Cuando la sopa queme
y la tengas que tomar,
comienza por los bordes
si no te quieres quemar.

¿Qué es esto?
¿Un huracán?
Deja de soplar,
que me vas a duchar.

«¡Esto no me gusta!».
«¡No quiero más!».
Si quieres crecer,
recuerda que de todo has de comer.

Las manos sobre la mesa
y los codos sin molestar,
piensa que en la mesa
comen otros contigo,
¿verdad?

«Como a mí me encanta el jamón... me lo como todo yo».
(¡Qué egoísta!).

¡Pobre cuchara! ¡Está casi asfixiada!
No la cojas por el cuello,
que ya está toda morada.

Te has confundido de sitio;
esto no es un maratón.
No comas con tanta prisa,
que tendrás indigestión.

Tampoco debes comer
tan lento y tan despacito,
todos se pondrán nerviosos,
te llamarán «tortuguito».

Si quieres decirme algo
espérate, por favor,
a tragarte bien la comida.
¡Qué espectáculo! ¡Qué horror!

Es muy feo masticar
enseñando el paladar.

A mí me gustan los conciertos de ópera y de rock,
pero no en la mesa, guapito.
¡Menos ruido, por favor!

Los cubiertos te sirven a ti, no tú a ellos.
¡Que se acerque la cuchara, no tu cuello!

Si te apetece beber,
la boca limpia y vacía debes tener.

¿Qué has hecho con el pan?
¡Esto parece un gallinero!
¡Hay migas en la mesa,
en tu ropa y en el suelo!

¡No seas marrano!
¡No cojas la comida con la mano!

Pero ¿qué es esto?
¿Un torpedero?
No tires los huesos, niño,
que me das en el sombrero.

Todo el mundo sabe que has comido
espaguetis con huevo;
no busques en casa espías,
tu cara es el pregonero.

De la mesa no te debes levantar
hasta que todos hayan terminado
o te den permiso los demás.
¿Te das por enterado?

Después de cada plato terminar
los cubiertos encima debes dejar.

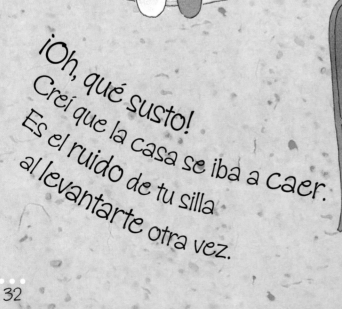

¡Oh, qué susto!
Creí que la casa se iba a caer.
Es el ruido de tu silla
al levantarte otra vez.

Si no sabes cómo actuar,
en los demás te debes fijar.

Con cuchillo y tenedor
la fruta debes tomar.
Aunque te fastidie un montón,
no la puedes mordisquear.

No cojas así el pollo,
que no eres un vikingo,
ni los lunes, ni los martes,
ni tampoco los domingos.

Después de comer
debes lavarte la cara y las manos,
y cepillarte los dientes
para que estén siempre sanos.

Aunque solo sea por oír el halago,
¡sirve el agua!
¡No seas vago!

En casa

La casa es de todos
y tú debes cooperar
recogiendo bien tus cosas.
¡No te hagas de rogar!

Tu cuarto tiene que estar
muy limpio y bien ordenado,
así tendrás todo a mano
cuando necesites algo.

Cuando a un cuarto vayas a entrar
no olvides que hay que llamar.

Es domingo y te has despertado pronto; puedes leer o jugar, mas procura no hacer ruido... ¡que descansen los demás!

No protestes y despídete cuando te manden a la cama; aunque te parezca un rollo, es una costumbre sana.

Cuando uses el retrete jamás debes olvidar de la cadena tirar; y luego, tus manos lavar.

¿Qué es esto, un vertedero?
Pues no tires papeles al suelo.

Qué horrible es encontrar
en el suelo de tu cuarto
papeles de caramelos
cuando vayas a pasar.

Pero ¿qué haces?
Pareces un escalador.
Para coger ese juego
no pises el edredón.

Suena el teléfono,
tus papás en casa están.
Si ellos quieren que lo cojas,
ya te lo pedirán.

Si es para ti la llamada,
habla solamente un rato
y, aunque te llamen de lejos,
no grites a todo trapo.

¡Otra vez se han vuelto a equivocar!
No te enfades y cuelga sin brusquedad.

Cuando cojas un recado,
debes siempre tomar nota
y dárselo a la persona
sin que cambie ni una jota.

Si tienes que telefonear,
pide permiso a tus papás
y además fíjate bien en
que no sea hora de comer,
dormir o cenar.

Cuando llames por teléfono saluda, di quién eres y
pregunta por la persona con la que quieres hablar.
Si no está en casa, da las gracias
y despídete antes de colgar.

Te has bañado. ¡Qué limpio estás!
¡Qué bien hueles!
Y el cuarto de baño, ¿qué tal?
Siempre lo debes dejar
como tú lo querrías encontrar.

En casa vivís muchos,
no dejes tus cosas aquí y allá:
si todos hacen lo mismo,
un mercadillo parecerá.

Si con los de fuera eres educado,
en casa no debes olvidar
saludar cuando entres
y cuando te tengas que marchar.

¿Quién ha roto este jarrón?
«Yo no he sido».
¿Quién se comió el melón
sin habérmelo pedido?

Siempre has de decir la verdad; es feísimo mentir:
al final se enterarán y no se fiarán más de ti.

Qué feo que está
pelear entre hermanos.
Todo se puede arreglar
sin llegar a las manos.

Si mamá te pide un favor
no digas «ya voy» y luego no vayas;
tampoco lo hagas a regañadientes
sin dejar de protestar continuamente.

Por la noche
siempre debes preparar
tu cartera, tu ropa
y los zapatos limpiar.

Es muy feo y aburrido
que te tengan que decir:
«haz los deberes, Pepito»
una, cien veces o mil.

Hay visita en casa,
no debes molestar;
saluda cuando llegue
y pórtate normal.

Si te han traído unos dulces,
da las gracias enseguida,
abre la caja deprisa
y ofrece aunque no te pidan.

Aunque la visita se alargue,
no interrumpas, por favor,
pidiendo la merienda
o comiéndote el jamón.

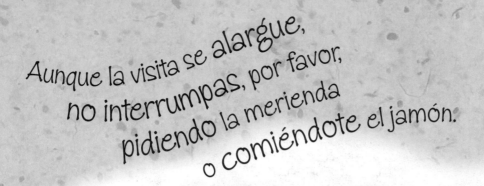

Procura al salir de casa
no hacerlo dando un portazo,
saludar a tus vecinos,
y cederles siempre el paso.

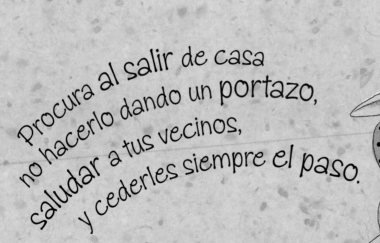

En el colegio

Si quieres con buen pie empezar...
¡tienes que ser puntual!

Es una falta de respeto
a ti mismo y los demás
llegar a clase tarde,
mal vestido y sin peinar.

Desde que entras en el colegio
debes ir saludando
a compañeros, profesores
y a quien vayas encontrando.

Tu pupitre ha de estar siempre
muy limpio y bien ordenado.
Pon cada cosa en su sitio
y no seas descuidado.

Debes estar muy atento
a lo que diga el profesor.
Y, si no lo entiendes,
pide que te lo explique mejor.

Para colgar bien tu abrigo
no tires los demás al suelo,
porque los pueden pisar
y parecerán buñuelos.

Hoy es mi cumpleaños y traigo caramelos
a todos mis amigos y al «profe», desde luego.

¡Qué susto me has dado!
Te va a doler la garganta.
Por favor, no grites más
que hasta a un fantasma asustarás.

Si quieres saber dialogar
tu turno debes guardar,
a los demás escuchar
y no interrumpir jamás.

¡Oh, un compañero nuevo!
¡Qué serio está!
Me pondré a su lado,
le quiero acompañar.

Cuando no sepas cómo hacer algo,
pregúntale al profesor,
pero no mires al compañero.
¡Que no te llamen copión!

Si quieres que te respeten,
no hagas muchas payasadas,
que no estamos en un circo
y no hemos pagado entrada.

Presta tus cosas, hombre,
no seas egoistón.
Que no se gastará tu goma
por dejársela a Miguelón.

Es la hora del recreo. ¡Qué alegría y qué ilusión!
Jugaremos un partido. Compartiré mi balón.

Está muy feo colarse.
Para ser el primero en la fila,
recoge enseguida tus cosas,
date prisa y espabila.

Si no quieres que chivato te puedan llamar,
deja a todo el mundo de acusar.

En la clase no se debe
jugar con el balón,
pues si rompes un cristal,
te ganarás un coscorrón.

En todos los colegios existen papeleras,
¡a ver si encestas a la primera!

Deja el chicle ya, parece que estás rumiando;
sin dejar de masticar de nada te estás enterando.

Cuando vayas al cuarto de baño
por **necesidad**,
no **malgastes** el papel
ni te pongas a jugar.

¡Qué susto se ha llevado!
¡Pobre profesor!
¿Por qué le has metido
una lagartija en el cajón?

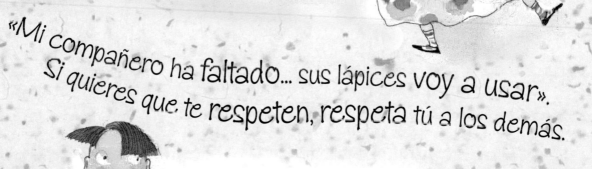

«Mi compañero ha faltado… sus lápices voy a usar».
Si quieres que te respeten, respeta tú a los demás.

Si se le cae algo al profe
o a algún compañero,
intenta recogerlo tú primero.

Si ves a tu profe muy cargado,
ofrécele ayuda, ¡no te quedes pasmado!

Por llevar un cordón desatado ¡menudo golpe te has dado!

Si quieres que tu trabajo esté bien limpio y pensado,
para ya de tanto hablar, que eres un loro encarnado.

Es de mala educación
y de un efecto horroroso
decir secretitos al oído,
¡eso es de niños chismosos!

En público

No te pongas a jugar
ni a correr en las aceras.
Cede el paso a los mayores
y ayúdales cuando quieran.

Debes ser amable con todos,
pero con desconocidos no debes intimar.
Haz caso a las recomendaciones
que te hacen papá y mamá.

Si vas a viajar en autobús,
mientras esperas en la parada
prepara el dinero o el abono
para evitar malas caras.

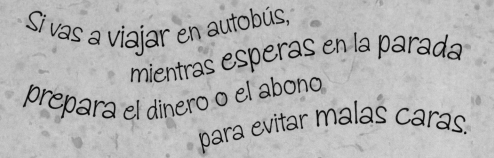

Guarda el billete contigo,
no lo vayas a tirar.
Quizás venga el revisor
y te tendrá que multar.

CIRCUS

Cuando estés en una fila
no comiences a empujar.
Así no vas a entrar antes
y un coscorrón te puedes ganar.

Has de ofrecer con agrado tu asiento enseguida
cuando veas a un anciano o a una persona impedida.

Si quieres ser educado, no te hagas el despistado:
el asiento debes ceder a esa señora que espera un bebé.

Al viajar en autobús, aunque estés muy aburrido
deja a los demás en paz, ¡no seas entrometido!

Cuando hables en el tren
hazlo siempre en voz baja,
pues contigo y con Fernando
hay muchos que también viajan.

Estate atento
y vete preparando,
que a tu estación
estamos llegando.

Si en el metro vas, no lo debes olvidar:
«Dejen salir antes de entrar».

Si tú vas a un restaurante para comer o cenar,
no rías a carcajadas, ¡molestas a los demás!

Aunque otros niños lo hagan, no los vayas a imitar.
No lances las patatas por los aires,
¡no es una batalla campal!

Procura que tus competiciones sean
de correr, saltar o nadar,
pero no de comer hamburguesas.
¡Puede sentarte fatal!

En la calle no debes
reírte a carcajadas, correr, ni gritar.
Tampoco pararte en medio
si no quieres molestar.

En las aceras y en las calles,
por la derecha debes circular.
Mira siempre al frente
para no tropezar.

Y si tienes que cruzar,
espera a que el semáforo esté verde
y hazlo por el paso de cebra.
¡Ay, la impaciencia te pierde!

No tires papeles, desperdicios
ni pieles de frutas al suelo:
pueden pisarlas y caerse.
¡Qué dolor! ¡Pobre abuelo!

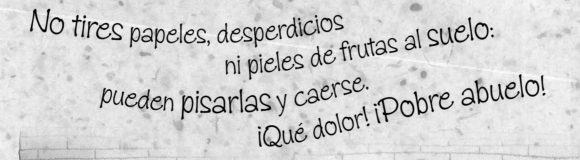

Nunca te rías de nadie,
ni señales con el dedo.
«Mira qué señora tan gorda».
¡Oh, eso está muy feo!

«¡Qué tren tan maravilloso!».
«¡Esta muñeca es ideal!».
No pegues la nariz al escaparate,
que te pueden regañar.

Tienes vocación de artista,
no lo puedes disimular,
pero silba y canta en casa
¡no des aquí un recital!

Cuando llueva, por favor,
no saltes en los charcos,
pues no estamos en la playa
y te pondrás hecho un asco.

¡Cuidado con el paraguas,
niño, que me vas a dar!
Y este lindo sombrerito
al suelo me puedes tirar.

Cuando saques de paseo al perro
procura sujetarlo bien
para que no asuste a nadie,
ni le haga pis en el pie.

Por allí va mi amigo,
en la otra acera está.
¡Felipeeeeeeee...!
¿Por qué me mirarán?

He quedado a las cinco y mi reloj he olvidado.
«Por favor, ¿me puede decir la hora?
¡Gracias!» (Te ha salido bordado).

En las fiestas

Los voy a deslumbrar.
¡Qué elegante y perfumado!
Boquiabiertos quedarán.

Llego puntual.
¡Buenas tardes!
¿Puedo pasar?

Por allí viene mi amigo.
¡Felicidades!, le digo,
el regalo es para ti.
Te gustará, ¿a que sí?

Cuidado, troglodita,
no empieces a comer todavía:
¡espera, por cortesía!

No seas aburrido
y juega con tu amigo.

¡Oye, forastero!
¿Adonde vas?
Esta no es tu casa
y está feo fisgar.

¡Vamos, chicos, a merendar!
Despacio, no corras tanto,
que no se va a terminar.

¡Cumpleaños feliz! ¡Cumpleaños feliz!

No metas el dedito, que te van a descubrir.

La fiesta ha terminado,
te vienen a recoger.
No seas caprichoso
y sal ya de una vez.

¡Muchas gracias por invitarme!
Lo he pasado fenomenal.
Adiós a todos los niños,
ya me tengo que marchar.

24 junio

Cuando sea tu cumple,
no lo debes ni dudar:
a todos tus amigos
tienes que invitar.

Trata con respeto y cariño
a amigos y compañeros.
No les llames por apodos,
sino con nombres verdaderos.

Es mi cumpleaños.
El gran día ha llegado.
Tocan el timbre,
¡estoy emocionado!

RRiiiNNGGGGG

¡Cuántos regalos!
¿Son todos para mí?
«Ya lo tengo, no me gusta»
nunca lo debes decir.

Y mucho menos preguntar
dónde lo ha comprado
o cuánto le ha costado.
¡Qué barbaridad!

Después de merendar
nos vamos a jugar.
Les dejo mis juguetes
a todos por igual.

Ya los vienen a buscar;
los acompaño a la puerta.
¡Gracias por venir!
¡Qué bonita fiesta!

Ya se han ido mis amigos y ayudo a recoger.
Doy un beso a mis padres: ¡lo he pasado muy bien!